Iris Dahlke

OLDENBURG

Schönste Seiten

ISENSEE VERLAG
OLDENBURG

das ehemals großherzogliche Schloss beherbergt heute das Landesmuseum für Kunst und Kulturgeschichte

MOIN! MOIN! : ZU JEDER ZEIT

Egal, ob man den Nachbarn trifft, den Postboten oder die Bäckersfrau, man wird in Oldenburg mit einem freundlichen „Moin!" begrüßt (oft mit einer gedehnten, singenden Betonung).
Eine Willkommensgeste, die spontan Herzen und Türen öffnen kann. Hier gibt es einen fühlbaren Einklang der Oldenburger mit ihrem Wohnort. Das spiegelt sich in einem reichhaltigen kulturellen und wirtschaftlichen Leben und in einem gepflegten Erscheinungsbild wider, für das jeder einzelne Bürger mit Verantwortung sorgt. Tauchen Sie ein in diese charmante Großstadt mit Kleinstadtflair. Hier gibt es nur schönste Seiten!

der Schlossplatz mit der alten Schlosswache und den im Hintergrund hoch aufragenden Türmen der St. Lamberti-Kirche

OLDENBURG : GEWACHSENE GESCHICHTE

Oldenburgs zum großen Teil bewahrte historische Mitte führt den Betrachter durch die Stadtentwicklungs- und Baustilgeschichte von Jahrhunderten: mittelalterlicher Bürger- und Handelsstolz und herzogliche Repräsentanz und Fortschrittsglaube, klassischer Bildungsanspruch und gewissenhafte Administration und preußische Wehrhaftigkeit treffen auf religiöse Standfestigkeit und private Inseln des Glücks. Dazu gehören z. B. die zwischen 1875 und 1920 erbauten und für Oldenburg typischen Giebelhäuser, die auch liebevoll als „Oldenburger Hundehütten" bezeichnet werden.

Blick durch den Säulenvorbau der alten Schlosswache auf die Statue von Herzog Peter Friedrich Ludwig
rechts: historische Häuserzeile entlang der Straße am Schloßplatz und Café-Freuden am Rathausmarkt

MAMMA MIA

Blick in die Fußgängerzone und auf das Degodehaus, einen stolzen Fachwerkbau von 1502 und eines der ältesten Gebäude der Innenstadt

links: vor der St. Lamberti-Kirche, die sich äußerlich in neugotischem Baustil präsentiert, innen jedoch mit klassizistischer Klarheit und Schönheit überrascht; im Hintergrund das Rathaus von 1888

Blick auf das Wahrzeichen der Stadt, den Lappan in der Langen Straße, einen ehemaligen Glockenturm

rechts: das Haus „Hotel Graf Anton Günther" an der Ecke Kurwickstraße mit dem imposanten Außenfresko des Grafen auf seinem Pferd Kranich

OLDENBURGS PULSIERENDE MITTE : NICHT NUR SHOPPINGPARADIES

Mit der Einrichtung der ersten flächendeckenden Fußgängerzone Deutschlands sorgte Oldenburg schon früh (1967) für eine attraktive, fußgängerfreundliche Innenstadt, in der man nach Herzenslust bummeln, einkaufen und verweilen kann. Eine vielfältige Auswahl an kleinen (oft inhabergeführten) Geschäften und gastronomischen Angeboten, eingebettet in historische Bausubstanz, machen diesen Ort zu einem liebenswerten und lohnenden Ziel. Bei Cappuccino (oder Tee) im Café treffen sich hier Jung und Alt aus nah und fern.

HOTEL GRAF ANTON GÜNTHER
hans im glück

oben: in der Bergstraße und in der herbstlich beleuchteten Haarenstraße; unten: Kneipenvielfalt in der Wallstraße und Gastronomie am Theaterwall

an der Haarenniederung; im Hintergrund der Turm der Forumskirche St. Peter

oben: das Peter Friedrich Ludwigs-Hospital, u. a. Kulturzentrum und Stadtbibliothek
unten: das prächtige Backsteingebäude der ehemals Kaiserlichen Post von 1902

am Julius-Mosen-Platz

OLDENBURG : ERFAHRBAR

Ein Blick vor den Bahnhof oder auf den Julius-Mosen-Platz sagt alles: Fahrräder sind hier das beliebteste Fortbewegungsmittel! Oldenburg verfügt über ein vorbildlich ausgebautes Fahrradwegenetz, das auch jenseits der Hauptverkehrsadern entlang kleinerer Pfade und Grünanlagen durch die Stadtteile führt. Alles ist nah und sicher zu erreichen. Ja, selbst bei Regen und Kälte hält der Oldenburger seine Nase noch gern in den Wind.

Räder am Oldenburger Pulverturm (das einzige noch erhaltene Bauwerk der mittelalterlichen Stadtbefestigung, heute Ausstellungsgebäude), vor dem Oldenburger Hauptbahnhof und auf den weitläufigen Radwegen in den Bornhorster Wiesen entlang der Hunte

Wochenmarkt auf dem Rathausplatz
und links vor dem Standesamt am Pferdemarkt

OLDENBURGS MÄRKTE : ORTE DER BEGEGNUNG

Ob im Herzen der Stadt auf dem Rathausmarkt an der St. Lamberti-Kirche, am Pferdemarkt oder in einzelnen Stadtteilen: die Oldenburger schätzen das Angebot, regionale Produkte direkt vom Erzeuger oder Händler frisch auf dem Wochenmarkt zu kaufen. Eine vertraute Beratung vom Anbieter, ein Plausch mit der Marktfrau, ein anschließender Kaffee inmitten von Blumen und Obst. Kein Wunder, dass man dabei meistens auch Bekannte und Freunde trifft.

Gebäude der ehemaligen großherzoglichen Regierung im Dobbenviertel: der Oldenburger Landtag und das Staatsministerium aus den Jahren 1914-16, daneben das Ehrenmal für die im Ersten Weltkrieg Gefallenen des 91. Infanterieregiments. Rechts: Naherholung im Landschaftspark Everstenholz

Tulpenblüte im Schlossgarten
links: Frühling in der Gartenstraße

OLDENBURG : ERBLÜHT

Schon die Landesväter wussten, was eine Stadt lebenswert macht. Mit dem Schlossgarten und dem Eversten Holz war das Vorbild einer grünen Stadt geschaffen, die – ergänzt vom Botanischen Garten, den Wallanlagen, zahlreichen Grüngürteln und liebevoll gestalteten Haus- und Kleingärten – Oldenburg zu einer grünen Oase machen. Naherholung, die zum Innehalten und Verweilen einlädt.

mit der Anlage des herzoglichen Schlossgartens wurde ab 1814 ein Gartenkunstwerk im Stil eines Englischen Landschaftsgartens erschaffen, das mit überraschenden Sichtachsen – hier in die Weite der sommerlichen Gartenwiesen und rechts auf den 1856 gepflanzten Mammutbaum im Rosen- und Sonnengarten – begeistert

herbstliche Stimmung im Schlossgarten entlang der Mühlenhunte und rechts: bemerkenswerte Nadelhölzer im 1865 geschaffenen Pinetum

links: winterlicher Blick über den Schlossgartenteich zur Balustrade

rechts: das Elisabeth-Anna-Palais von 1896 und der Teepavillon von 1819

Carl von Ossietzky Universität Oldenburg

OLDENBURGS WISSENSDURST : ZENTRUM FÜR INNOVATION

Als Stadt der Wissenschaft baut Oldenburg mit modernen Bildungseinrichtungen auf Zukunftsorientierung. Die 1979 gegründete Carl von Ossietzky Universität setzt bewährte und neue Maßstäbe, die praxisnahe Jade Hochschule und Hightech-Dienstleister wie das Hörzentrum Oldenburg haben eine Strahlkraft über nationale Grenzen hinaus und Einrichtungen wie das Schlaue Haus Oldenburg stehen für innovatives Potenzial. Ganz nebenbei sorgen junge, kreative Studenten maßgeblich für frischen Wind in der Stadt.

oben: Hauptgebäude der Universität Oldenburg und das Studentenwohnheim am Pferdemarkt, im Hintergrund die Landesbibliothek Oldenburg
unten: Gebäude der Jade Hochschule Oldenburg an der Ofener Straße

M/S OLDENBURG
OLDENBURG
EMELIE D.
THEATERHAFEN

an der Kanalstraße mit Blick zur Amalienbrücke
links: Schiffsverkehr auf der Hunte,
im Hintergrund die klappbare Eisenbahnbrücke

LEBEN AM FLUSS : OLDENBURGS WASSERWEGE

Der Lauf der Hunte mit Hafen und Schleuse ist wichtiges Drehkreuz zwischen Weser und Küstenkanal. Die Stadt hat es in den letzten Jahren mit dem Bau von Wohnungen, Promenaden und der Ansiedlung von Gastronomie verstanden, das Wasser zunehmend zu einem attraktiven Ort für Wohnen und Freizeit werden zu lassen. Auch die idyllisch am Rande des Schlossgartens fließende Mühlenhunte lädt zum Tretbootfahren ein. Ein Sonnenuntergang am Hafen: was will man mehr!

links: Bootstour auf der Hunte in die Wesermarsch

oben: der Oldenburger Industriehafen; unten: an der Schleuse zum Küstenkanal

oben: neues Wohnen rund um die Promenade am Stau; unten und rechts: der Oldenburger Stadthafen

HB-G688
Sunrise
10312 - A
GALIA 530

das Augusteum und der angrenzende Oldenburger Kunstverein

OLDENBURG : WELTOFFEN

Mit dem Augusteum entstand ab 1865 auf Initiative des Oldenburger Kunstvereins und mit Unterstützung der großherzoglichen Familie eine der ersten öffentlich zugänglichen Gemäldegalerien Deutschlands.
Viele ehemals herrschaftliche Bauten beherbergen heute als Landesmuseen Sammlungen und Ausstellungen und bilden zusammen mit neueren Museumsgründungen das kulturelle Herz der Stadt.
Eine feste Größe im darstellenden Kunstbetrieb ist das Oldenburgische Staatstheater mit seiner imposanten klassizistischen Fassade und seinem repräsentativen, barock anmutenden Spielraum. Auf seinen und vielen anderen erfolgreichen Bühnen der Stadt ist sprichwörtlich die Welt zu Gast!

oben: das Landesmuseum für Natur und Mensch und das Prinzenpalais von 1821 (zusammen mit dem Schloss und dem Augusteum als Landesmuseum für Kunst und Kulturgeschichte Oldenburg); unten: das Horst-Janssen-Museum und das Edith-Russ-Haus für Medienkunst

oben: das Oldenburgische Staatstheater; unten: das Theater Laboratorium und die Kulturetage

Nikolaimarkt auf dem Schlossplatz

KALAIDOSKOP DER MÖGLICHKEITEN : EVENTS IN OLDENBURG

Der Kalender in Oldenburg ist voller attraktiver Veranstaltungen, die nicht nur die Bürger der Stadt selbst, sondern auch die Menschen „von umzu“ anlocken. Der weitläufige Schlossplatz bietet dabei die Bühne für Flohmärkte, den Kultursommer, das Stadtfest, für Weinverkostung, Keramiktage, den Weihnachtsmarkt und vieles andere mehr. Nicht versäumen sollte man natürlich einen Besuch des legendären Kramermarktes auf dem Gelände der Weser-Ems-Hallen oder eine echte Oldenburger Grünkohltour.

Originalität auf dem Oldenburger Schlossfloh(markt), fröhliche Ausgelassenheit beim CSD und Stimmung mit den „Blindfischen"

I Love You

auf dem Oldenburger Kramermarkt

SUPER
Süper Waffeltüten
Waffeltüten

verschiedene Veranstaltungsgebäude der Weser-Ems-Hallen

die weihnachtlich beleuchtete und geschmückte Innenstadt und Eindrücke vom Oldenburger Weihnachtsmarkt, dem Lambertimarkt, rund um das Rathaus und um die St. Lamberti-Kirche sowie auf dem Schlossplatz

Der Herzenmacher

FLAMMLACHS

Punsch Stüble

Abbildungen Umschlag:
Auf dem Weg zu einem der gut besuchten Konzerte im Rahmen des Oldenburger Kultursommers auf dem Schlossplatz; Tretboottour auf der Mühlenhunte, im Hintergrund das Amts- und Landgericht an der Elisabethstraße

Fotografien, Texte, Gestaltung: Iris Dahlke

Diesem Bildband liegt eine Textübersetzung in englischer und französischer Sprache bei.

Bibliografische Information der Deutschen Bibliothek.
Die Deutsche Bibliothek verzeichnet diese Publikation in der Deutschen Nationalbibliografie; detaillierte bibliografische Daten sind im Internet über <http://dnb.ddb.de> abrufbar.

ISBN 978-3-7308-1600-4

(gedruckt bei Isensee in Oldenburg)